나는 아직 나를 꺾지 못했다

김클소리 시집

경남시인선 253

나는 아직 나를 꺾지 못했다
김클소리 시집

펴낸날   2025년 12월 5일

지은이   김클소리
펴낸이   오 하 룡
펴낸곳   도서출판 경남

주소   창원시 마산합포구 몽고정길 2-1
연락처   (055)245-8818, fax.(055)223-4343
블로그   gnbook.tistory.com
이메일   gnbook@empas.com
등록   제1985-100001호.(1985. 5. 6.)
편집팀   오태민 | 심경애 | 구도희

ISBN   979-11-6746-215-2-03810

ⓒ김클소리

＊이 도서는 한국예술인복지재단 지원으로 발간되었습니다.
＊잘못된 책은 바꿔 드립니다.
＊저자와 협의 인지 생략합니다.

〔값 12,000원〕

시인의 말

허공에 뿌리 내린 무늬
한 그루 나무로 자랐는데

너덜한 정신은
오랜 세월 뒷걸음만 쳤다

중얼거린 혼잣말들
참회가 되어 내 곁에 남았다

2025년 겨울

김클소리

| 차례

시인의 말 • 3

제1부 오래된 꽃

가을, 는개 내리던 날	10
은행잎을 따는 노인	11
바람의 시간	12
팔레트를 닦다	13
몸살	14
오래된 꽃	15
고사리를 꺾다	16
아버지가 이상하다	18
밤비	20
꽂힌다는 것	21
혼밥	22
재미 한 번 봤으면	23
거울	24
실수가 웃는다	26
돈벌레	28

무늬	30
취목	32
물앵두가 왔다	33
저수지에 빠지다	34
그림, 값이 멀다	35

제2부 바람의 풍경

나무	38
바람의 풍경	39
묘지	40
용담꽃 단상	41
쑥	42
가을, 그림 한 점	43
도라지 흰꽃	44
꽃	45
봄날	46
마삭줄	47
해바라기	48
호수를 바라보다	49

겨울, 엄나무를 바라보다	50
다시, 봄날	51
먹감나무	52
섬 하나	53
대숲에서	54
갈대에게	55
봄날, 작물처럼	56
사라진 망종芒種	57

제3부 숨구멍

하지	60
몸값	61
한결같이	62
유모차 할매	64
장맛비를 만나다	65
모시적삼	66
세월 모르고	67
식집사	68
흔적 1	70

가을날	71
오늘은 죽지 않았다	72
숨구멍	74
식육 식당	76
공공 근로의 길	77
소금이 왔다	78
언제 한 번은	80
아귀 집에서	81
돌탑	82
철가방이 달린다	84
노봉방주	85

제4부 붉은 지도

쏙 빠진 날	88
텃밭이 없다	89
낮술	90
줄	92
복날	94
붉은 지도	95

마지막 방	96
홈	98
아무도 죽지 않는다	99
그리운 인슐	100
홍어회 생각	102
말복	104
삼지닥나무	106
묵사발	108
폭우, 뒤	109
폐기물 매립장	110
탈	112
잠	113
흔적 2	114
폭염	115
쓰레기	116

발문
진주 남강에서 '나'를 찾아가며 세우는 노래
김준태 (시인, 전 조선대 교수)   118

제1부

오래된 꽃

가을, 느개 내리던 날

먼 산이 달려와

빨갛게 물든 숲정이

밤새 내린 된서리가 시리다

인적도 새소리도 없는

가을 숲에

느개가 내리고

활엽이 진다

얼빠진 한 사내

우두커니 젖어 있다

은행잎을 따는 노인

가을이 깊어 가는
어느 집 앞

노인이 장대를 휘두른다
단번에 털어낼 듯
비틀거리며 눈부신 가지를 뒤흔든다

금빛 잎새가
된서리 이마랑
앙상한 어깨 위에 쏟아진다

우수수 우수수 노인이 지고 있다

바람의 시간

젊은 남녀가 며칠째

골목 쓰레기 더미에서 껴안고

환히 웃고 있다

번지르르한 액자와 앨범에서

쏟아져 나온 애틋한 맹세가

햇볕과 먼지에 지워지고 있다

팔레트를 닦다

망각한 직분이 칼을 든다

뿌연 먼지 속에 어지럽게 굳은 팔레트
응고된 외도를 벗겨내듯
형형색색 흩어지는 물감 조각들
마음의 바닥 같다

긴 밤을 지새우던 푸른 시절
전업의 꿈들

외길은 막히고 떠밀려
여러 갈래 길을 돌아
어느새 중년이 된 사내

발화하지 못한 형상들이 아련하다

몸살

맥없이 쓰러진 온몸
수천 개 바늘을 찔러대고 있었지

구들 아랫목이며 찜질방에서
진땀 뻘뻘 흘렸는데
뼛속까지 닿은 몸살은
좀처럼 물러서지 않았지

친구 놈들은 웃으면서 고춧가루 탄 소주가 직방이라는데
중국집 박 사장네는 불주사 한 방이면 날아간다는데
발끝에서 머리끝까지 온몸은 의지가 없다

내 안에 저항과 세상 밖으로의 저항
힘이 없다

참으로 오랜만에 무욕, 비움이다

오래된 꽃

유월, 무성한 청록 어깨

밤꽃 비린내

불볕 마당이 흥건하다

도롯가 예초기를 돌리던 사내가

풀냄새보다도

밤꽃 비린내가 더 지겹다며

벚나무 그늘 아래

벌컥벌컥 막걸리를 마신다

열네 살 꿈결에 쏟아 놓았던

저 유백색 비린내

치렁치렁 마을을 덮고 있다

고사리를 꺾다

양지 바른 골짝을 빙빙 돈다

어슬렁어슬렁
고사리를 찾는다

고개 숙여
좌우 살피고
때론 주저앉은 채
뒤돌아보아야 보인다

간혹
짓밟힌 흔적
앞을 잘 보고 가야 한다

꺾어도 끈질기게 손 내미는 고사리
물음표 모가지들
숨바꼭질을
뚝뚝 꺾는다

이슬 맺힌 새벽이
펄펄 끓고
모락모락 늘어져
쨍쨍한 햇볕을 쬐고 있다

숨죽어 사그라드는 한줌
비빔밥을 떠올리고 육개장이 끓듯
한줌 고사리가 멀리 있는 사람을 떠올렸다

무엇을 꺾는다는 건
제 스스로를 꺾는 일인데

나는 아직 나를 꺾지 못했다

아버지가 이상하다

아무 토 달지 말고 내 말대로
시키면 시키는 대로 하라던
카랑카랑 쩌렁쩌렁
완강했던 아버지

정년퇴직 이십 년이 넘었는데
농사꾼처럼 달라붙은 텃밭
오이 고추 토마토 호박 들깨 상추 모종들
봄날이 분주하다

소일거리라며 텃밭을
당신께서는 당신을
내려놓고 싶지 않았겠지요

돈이 노릇하고
인격이 되어버린 세상
부자 반목이 깊었는데
갑자기 낮은 음성
아버지가 온화하다

아버지는 카랑카랑 쩌렁쩌렁 그래야는데

밤 비

입춘이 지난 겨울 밤

땅속 깊이 언 것들을 찾는 비가

함석지붕에 또닥또닥 내린다

빈 가지 꽃망울이 일어나고

상춘객들 피어나는 풍경

불면, 머리맡에 밀려왔다

꽂힌다는 것

당구나 낚시에 빠지면
천장에 당구공이 굴러가고 낚싯대도 보인다는데

망설임 없는 손들이
잔뜩 퍼담는 쇼핑센터

저 식당은 뭐가 맛있는지
목빠지게 늘어선 사람들
빈자리를 찾는다

그래 꽂힌다는 건
게임이나 취미나 음식이나 여행이나 사랑
제각기 간절하고 집요해지는 일

누군가 비 맞고 눈 맞고
우두커니 바라보는 일

혼 밥

혼자 앉은 밥이 쓸쓸하다

끼니 거른 사람이
짜장면 하나 시켰거나
찬밥에 신김치 하나 놓았거나
국밥 앞에 소주잔 하나 채웠어도
허기진 식사가 식어 있다

고기를 굽고
매운탕을 끓이고
산해진미 밥상 차렸다고
혼자 입맛이 살아날까

점심때
혼밥 할매 대여섯 졸졸
느릿느릿 유모차 끌고 가는 경로당

여럿이 앉은 독거의 숟가락들
별 찬 없이 따듯하다

재미 한 번 봤으면

게임기를 꽉 쥔 너덧 살 아이가
방긋방긋 웃고 있다

재미는 남녀노소 불문하는 일
개봉관이나 경기장에도 줄지어 있고
대어 낚은 줄자에도 있고
신명나게 떨이를 외치는 난장판에도 있지

그렇게 재미는 진땀나게 힘들어도
이마에 신짝 붙이고 달려가는 일
땅이나 물속이나 공중에서도 만나는 일
눈과 코와 입과 귀와 손에 닿는 일
머언 이국땅 여행을 떠나기도 하면서

여럿이 함께하면 즐겁기도 하지만
지극히 스스로 반가운 일

나도 재미 한 번 봤으면

거 울

훤히 비추는 저것
언제부턴가 마주하기 두렵다

현관이나 욕실에 서면
빗살이 돋고
눈꺼풀이 흘러내렸다

끼니를 거르거나
과음했을 때
반사되는 수직의 그림자

돌이킬 수 없는 세월
뼈아픈 후회
묵묵히 서 있었다

얼마나 비추면
투명해질 수 있을까

사춘기 아이가 화장하며
빙그레 웃고 있다

누군가 만나기 전에 만나야 할 사람
제 자신인지 모른다

실수가 웃는다

거리두기로 멀어졌던 사람들이
오랜만에 만났는데
먼저 냉수부터 찾는다

연거푸 조르르 물소리가 들리고
켁켁켁 사레들린 소리도 났는데

어떤 여자가 물을 따르다
사내 바지에 한 컵 엎질렀다
누가 보면 오해할 거기

난감한 사내가
눈을 꿈벅거리며
뻘쭘하게 앉았는데

누군가 막걸리가 아니라 다행이라니
다들 멋쩍게 웃고 있다

안절부절 홍당무가 된 여자
쥐구멍을 찾고 있다
온몸이 꼬여 있다

문득 청년 시절,
급히 세수하다 바지 가운데 젖어
온통 물을 끼얹었던 일이 떠올라
참았던 웃음이 빵 터졌다

가끔 말 한마디 실수가
돌이킬 수 없는 후회 되고
뼈아픈 상처 되기도 했지만
때론 뜻밖의 실수에 웃기도 한다

돈벌레

어둑한 저녁 자취방에 찾아든
손가락 마디만 한 새까만 벌레
소름 돋게 기어다니고 퍼득퍼득 날아다녔지

밤새도록 파리채를 휘둘렀던 기억
아직도 지워지지 않는데
돈을 불러들인다는 주인집 할매는
죽이지 말라고 하셨는데
가끔 답답할 땐 돈벌레가 되었으면 하는
생각이 들기도 했다

1억 년 넘게 살아온 끈질긴 생명은
바퀴 이름을 달고 달려와
살충제 같은 공해물질도 거뜬히
콘크리트며 쇠붙이도 먹어치우며
돈벌레는 진화하고 있는지도 모른다

언젠가 공상영화처럼
큼직한 갑옷을 두르고 나올지도 모른다

나는 오늘도 파리채를 찾고 있다

무늬

그가 걸친 점퍼나 바지
무늬가 없다

심지어 빤스마저도
밋밋한 단색이 좋다며
꽃무늬 줄무늬가 없다

청년시절
알록달록 월남치마 같은 촌스런 무늬를
유명회사 옷이라며
목 안감을 까 보이던 친구는
지금 어떤 무늬를 걸쳤을까

언젠가 박물관에서 보았던 빗살무늬토기는
걸음을 오래 붙잡았는데

무늬는 고가 마루짝에도 있고
벽이나 방석 이불에도 있지만
파출소 게시판에도

줄무늬 얼룩무늬 차림새
사람을 찾고 있다

산이나 들에서 만났던
노랗고 하얀 잎사귀 무늬는
마음 설레게 했었는데

봄날 무늬 든 차나무
햇차 떠올릴 수 없었다

내 안에 무늬 그리지 못하고
무늬 든 잎사귀 오래 바라보았다

취 목

잎사귀 아름다운 무늬가
공중에 뿌리 내리고 있다

자잘한 삽목판 묘목보다도
튼실한 나무를 얻겠다며
외피와 내피를 벗긴
습윤을 두른 가지

공중에 번져 갔던 촘촘한 뿌리
땅바닥에 내려앉았다

갈팡질팡 떠돌았던 삶이
떨쳐버릴 수 없는 꿈이
오래도록 바라보았다

상처가 뿌리내려 자란 나무를

물앵두가 왔다

하얀 꽃구름 뭉실뭉실 피웠던 지붕
알알이 붉은 불씨가 타오른다

새벽부터 지저귀던
온갖 새들의 분주한 조찬

유년시절 외갓집 우물가
시큼한 앵두가 떠올랐다

혓바닥을 구르던 씨앗들
공중을 휙휙 날아가곤 했는데

열매 맺지 못한 일들이
어둑히 밀려드는 저녁

입하에 그을린 붉은 눈알들
하얀 접시가 이글거린다

저수지에 빠지다

뭘 잡겠다고
물비린내 흠뻑 젖어 있나

일렁이는 파문 앞에
날창날창 긴 허리가
놓친 붕어 몇 마릴 더 잡겠다고
마릿수를 헤아리나

돈을 놓치고
시절을 놓치고
붓을 놓친 어수선한 마음이
정신마저 빠져서

수심愁心이 던져놓은
깊숙한 물음표

저수지 구름에 젖어 있나
알 수 없는 물속에 꽂혀 있나

간절함을 놓치고 멍하니 초점도 없이

그림, 값이 멀다

연일 신문 방송은 팔리고 팔리는 몸값 얘기
그래 몸도 정신도 다 팔려야지

어느 전시장
이발소 그림 같은 눈들이
산수풍경 향토서정을 누빈다

알록달록 화창한 그림이
거실이나 안방에 안성맞춤이라는데
호당 가격 십만 원이 비싸다는데

공사판 한 이십 년 기술은
일당 이십만 원을 받는다는데

동병상련은 묻고 싶었다
화가의 곤궁한 세월을

제 2 부

바람의 풍경

나 무
— 길을 보았네

죽은 나무에서 길을 보았네

비와 햇살과 바람 속에

가지가지 무성했을 꿈들이

덩그러니 유골처럼 누워 있네

위태롭게 걸어가는 사람 하나 떠올렸네

바람의 풍경

늦여름 진양호숫가

등 굽은 배롱나무들 붉게 달린다

산과 산 사이

장마가 그은 누런 물자국 억장이다

호숫가 배롱꽃 사이 어느 밀회

갈대가 흔들리고 있다

묘 지

함께했던 걸음들이
묘비명 하나 두고
잠이 든 집

희망도 절망도 미련도
아니 호령마저도
둥글게 누운
저기

치열하고 분분했던 시절도
그렇게 소망했던 내일도
그림자가 없다

모질게 악착같이 짓겠다던 집

반달 하나가
살아남은 자들을 비추고 있다

용담꽃 단상

하얀 서리에 피어나는 꽃
어디 들국과 쑥부쟁이뿐일까

외진 산골짝 마른 풀숲에
시리도록 푸른
쪽빛 용담을 보아라

씁쓸한 뿌리를 일러
용의 쓸개라 이름하지만
누구인들 흠앙하지 않을까

시리도록 푸른 쪽빛, 청초한 꽃을

쑥

들불이 지나간 잿빛 들길 위

쑥쑥 돋아나는 쑥을 보라

파릇하게 모진 너희를

어찌 쑥대밭이라 하겠느냐

논길 가득 어김없는 생명

묵언의 한 편 시가 아니겠느냐

가을, 그림 한 점

청청한 하늘이
솜을 탄다
산 위에
철탑 위에
지붕 위에
아이 손가락 끝에도
새털이나 물고기가 떠 있고
염소며 고래 같은 하얀 물형들이
둥실둥실 떠다닌다
산 넘어 산이라며
절망하고 희망하는 삶이
뜬구름 잡기 하듯
바람의 시간을 목 빠지게 놀고 있다

도라지 흰꽃

칠월 처마 아래

탱글한 연둣빛 꽃망울

끔찍이 하얀 별이 빛나듯 문대

톡 한 번 피워 봤냐고

꽃

조화 같은 꽃들이

조화 부리는 세상

이름 모를 꽃으로 피어도 좋겠다

봄 날

음지 대문에 떠억 붙은

立春大吉 建陽多慶

저 유구한 문구 위

매화 꽃구름 뭉실뭉실 걸려 있다

백발 할매 쉬엄쉬엄 나오는 골목

꽃눈이 내린다

마삭줄

큰 나무 아래 나무들 살 수 없다는데
너는 다른 나무 몸을 빌려 뻗어갔지

무수한 하얀 바람개비가
달콤한 꽃향기가
집 마당을 노닐며
방 안을 기웃거렸는데

직립의 왕성한 펌프질을 시샘하듯
청청한 잎사귀를 자꾸자꾸 꺾어 댄다

오월 하얀 덩굴이 웃고 있다

해바라기

해를 바라보다
꽃이 된 이름

오직 너만을 사랑하다
꽃이 된 이름

고흐가 이글거렸던 꽃이름

나는 둥근 화면에
뻐얼건 바다를 깔고
한 송이 올리기도 했었는데

돈을 부른다며 여기저기
사진이나 상화들 흔하게 걸렸는데

어느 어린이집 마당
길게 내민 노오란 얼굴들 아래
재잘거리며 방긋방긋 웃는 아이들

해바라기 참 좋은 시절이다

호수를 바라보다

시들한 삶이 거북 등짝 호수로 내려갔다

가뭄이 그은 허연 띠
물비린내 빙빙 두르고 있다

물고기떼 노닐었을 자리
분토를 둘러쓴 다리와 집터
깨진 옹기며 잡동사니 널브러져 있다

무너진 돌담 옆 우물가
아낙들 왁자한 소리며 촌로들 헛기침도 들릴 듯한데

사람을 위해 깊어진 호수는
얼마나 깊어져야
사람이 보일까

낮은 수면에 무거운 구름이 밀려오고 있다

겨울, 엄나무를 바라보다

시린 온몸에 검붉은 눈들은

이미 봄을 향해 있었지

엄나무,

너의 빈몸에 돋은 가시로

내 흐린 꿈 깊은 곳을 꾹꾹 찔러다오

그 절절한 소망을

다시, 봄날

피고

지고

흔들리던 빈몸이

다시, 꽃 피는 봄날

침잠했던 대지

벚가지가 소복하다

트로트에 지루박 늘어선 꽃놀이가

흔들리고 흔들린다

취기 어린 꽃물이 붉게 든 봄날

얼마나 피고 져야 꽃이고 꽃인가

이 길 위에 그대는

먹감나무

붉은 홍시 점점이 내걸었던 나무

속으로 까맣게 타들어간

오랜 세월을

가구 공방에 들어 비로소 보았네

결이 고운 먹빛 무늬, 속으로 깊어지는 나무를

섬 하나
―신수도에서

손끝에 잡힐 듯
엎어지면 코 닿을 듯
노산공원에도 사는 저 섬

건너지 못한 수심愁心이
신수도 배를 탔다

잠잠한 뻘밭 앞에
반짝이는 몽돌들
얼마나 오랜 세월 풍파에 씻겼을까

수평선이 없는 삼천포가
수면에 기다랗게 누웠는데

신수도에서 문득
신수가 훤하다는 잊은 말이 떠올랐다

섬 하나, 하염없이 일렁이고 있다

대숲에서

속이 텅 빈 나무가
폭풍우에도 꺾이지 않는 나무가
푸르게 솟아 있다

일찍이 저 고결한 기개는
군자가 되었고
민초들 죽창이 되기도 했는데

몸집을 불리지 않고도
꼿꼿이 서 있는
나무도 풀도 아닌 저것들

바구니가 되고
빗자루가 되고
청아한 피리 소리도 되었던
마디마디 푸른 숨결

저렇게 물들어 봤으면
저렇게 흔들려 봤으면

갈대에게

마른 잎사귀 쓰적이는 소리

갇혀 우는 사람 눈물 같다

그 푸르던 몸짓

무슨 꿈들 남았기에

누른 몸짓 흔들며

모질게 달려가는 것이냐

질퍽한 진창 사람 같은 갈대들아

봄날, 작물처럼

종묘농약사 유리창이 싱싱하고 탱글탱글하다
야채와 과일들이 풍년이다

봄볕에 달려나온 고추며 가지 오이 참외 호박 수박 파프리카
맛과 수익이 좋다는 풋풋한 모종들
두어 판 몇 상자 걸음들이 분주하다

파종하고 모종 심는 바지런한 농사처럼
사람도 어쩌면 사람이 가꾸는
작물인지 모른다

사라진 망종芒種

앞산 뒷산 뻐꾹새 운다

밤꽃이며 찔레꽃 흐드러진 산 아래
누런 보릿대 연기 마을마다 자욱했는데
별을 보고
다시 별을 보듯
눈코 뜰 새 없는 쟁기질에 써레질 질척한 모내기,
다랑이논처럼 굽어 간 그림자들
조붓한 논길에 새참을 이고 가는 아낙들
막걸리 주전자를 든 아이들

그렇게 와자하고 분주했던 손과 발들은
어디로 갔을까

오월 하순 바둑판 같은 들판을 호령하는
이앙기가 다다닥 다다닥
푸른 모를 꽂는다

텅빈 들판 농로에 전동차 한 대가 달려오고 있다

제 3 부

숨구멍

하 지

유월, 확성기 소리가 뻐꾸기 울음을 덮는다

아 마싯는 가암자
파삭파삭칸 가암자
하지 가암자가 왓심미더
오 처 넌
오처넌에 한 봉지
한 봉지 덜어 가이소

쩌렁쩌렁한 감자가
파삭파삭 맛있는 감자가
돌고 도는 해 긴 저녁

저 주먹만 한 것들
한 냄비 달싹달싹 익겠다

몸값

연일 혀끝에 비싼 몸들이
정신없이 오르내린다

나는 연봉이 사천만 원도 안 되는데
누구 월급은 천만 원이 넘는다며
몸값이 인격이 된 세상
징징거리는 소리가 들렸다

세상의 잣대
사람의 가치는 오로지 비싸게 팔려야 하는 일
새벽, 구름 떼처럼 몰려든 인력시장
일당을 허탕친 사내가
해장국집에서 강소주를 들이켠다
해거름에 고물을 가득 실은 노인
저 휘청이는 무게는 얼마일까
푸줏간 불빛 속에서 튀어나온 여자들이
오빠를 연호하며 사내들을 잡아끈다

세상은 오직 잘 팔리는 사람을 키운다

한결같이

몇 대를 이은 가업이 있다

근사한 요릿집은 아니지만
육수가 죽인다는 해장국집
목빠지게 줄을 섰다

날마다 변하는 세상에
한결같은 사람은
어렵고 귀해서
마음이 요동치는지 모른다

저잣거리 한복판에서
삿대질에 핏대 세운 싸움은
누군가 정신을 놓치고
눈앞 셈법에 빠졌는지 모른다

열 일을 접어두고
먼 길을 달려왔던 사람은
목마름이 약수터를 만나듯 반가웠는데

비 오는 날
비 그치면 잊어버리는 우산처럼
까맣게 잊은 사람 없는지

한결같은 사람은
한결의 사람이 늘 그립다

유모차 할매

번잡하고 요란한 거리

희끗희끗한 할매가

느릿느릿 유모차를 끌고 간다

승용차에 밀리고

행인에 밀리면서

텅 빈 상자 부피를 뜯고 밟는

저 바닥의 껍질들

무너질 듯 무너질 듯

온종일 기우뚱거리며 돈다

장맛비를 만나다

장맛비에 좌판 접은 시골 장날
졸다 깬 아낙들이 부산하다
파전에 탁배기 평상이 왁자하다

뽀글뽀글 바가지 머리며
알록달록 냉장고 티에 몸뻬 바지
한결같은 차림이다

검버섯 핀 얼굴에 빗살주름들
여성을 잃은 지 오래다

주저 없는 음담패설 들썩이는 어깨춤
구부정한 칼쟁이를 흔들어 댄다
풍화된 세월이 흐린 술에 젖어 있다

길게 질척이는 비가 아낙들을 다 재웠다

모시적삼

짝 달라붙은 청바지
꽉 낀 사내는 모르지
하얀 모시 헐렁한 걸음을

불볕이 쏟아지는 한낮
깊숙한 옷장
모시옷이 떠올랐다

느티나무 그늘 아래
탕건 쓴 큰집 할아버지 모시적삼
합죽선 바람이 일렁인다

조붓한 들길 하얀 옷자락이 아련하다

세월을 모르고

100년의 역사가 쇠락한 완사장을
날마다 누비는 사람이 있다

띄엄띄엄 열린 몇 개 점포 사이 순대국집
그 할매 단골이다

소일거리 없이 기웃기웃 너스레를 떠는
칠순을 훌쩍 넘긴 빗살 가득한 얼굴이
텔레비전에 나온 한 십 년 더한 세월 보며
늙어 왜 사냐며 죽어야 한다는데
한 십 년 흐른 뒤 무슨 얘길 하실까
허기를 채우는 할매, 숟가락이 왕성하다

식집사

마음속에 자란 것들
종대로 횡대로 저 집이 푸르다

가까운 산야에서 왔거나
혹은 머언 열대우림, 온대 사막에서 날아왔거나
어른 얼굴보다도 더 큰 잎사귀
아기 손톱보다도 작은 잎사귀
알록달록 그림 같은 무늬들
눈 속 깊이 거느린 사람이 있다

삽목판이 자라고
화분이 자라고
벽에도 공중에도 뿌리내린
사철 무성한 집이 있다

사랑과 건강과 행운과 돈을 부른다는
꽃말들을 기르면서
답답하고 우울하고 쓸쓸할 때
초록 신엽에 물드는 사람이 있다

손바닥 화면에 푹 빠져
애타게 분양을 기다리는
반려 식물 애호가

그가 거느린 초록의 아이들,
거실과 발코니 모두가 정원이다

흔적 1

「정조준」 굵은 글씨 아래

남녀가 좌변기 같이 쓰는 집이 있다

조준이 잘 안 되는

술 취한 놈

힘 없는 놈

흔적들이 역력하다

오늘 이 집 주인 입술 뽀로통하다

가을날

나뭇가지 산들산들 단풍이 들 듯

사내들 바람이 들었나

신호등 아래 선 쭉쭉빵빵한 여자

얼굴을 훔치고

가슴을 훔치고

엉덩이며 종아리를 훔치는 곁눈질

분주히 꽂힌 사내들, 저 허기진 눈을 좀 봐!

오늘은 죽지 않았다

여든도 넘겼을 쪼글쪼글한 세월들이
모처럼 만났다며
마스크를 벗었다 썼다 하며
시장통 국밥집에 앉아 있다

입이 마르도록 했던 얘기 또 하며
막걸리 서너 병 비웠는데
얼마 전 누가 떠났다며
깡마른 손가락이
남아 있는 이름들을 헤아린다

코로나로 장사가 안 된다는 국밥집 주인
심드렁한 표정이 문 닫을 시간이라는데

주인 넋두리를 잊은
백태 낀 흐린 눈이
느린 숟가락과 술잔이
어눌하고 숨 가쁜 말이
늘어지게 앉아 있다

약봉지가 삐죽 나왔다고 가리키던 노인이
자신의 주머니를 뒤지며
내일은 약 타러 가야 한단다

늙으면 죽어야지 하면서

숨구멍

숨가쁘게 달려온 어물이며 푸성귀들
새벽 시장이 분주하다

연휴를 맞은 외곽도로
야외 행렬이 늘어서 있다

다람쥐 쳇바퀴 일상에 지친 사람들이
오늘도 주점에 붐빈다

그림 속에 여백이
생기를 불어넣듯
사람 사이에도
숨구멍은 있어야 하는데

물질이 노릇이 되고
인격이 되어버린
숨 고르기 힘든 세상
돈벼락을 맞겠다는 사람들이
줄줄이 복권방에서 번호표를 뽑고 있다

저기 숭숭 뚫린 청바지 청년
폭염에 참 시원하겠다

식육 식당
―지리산 흑돼지

서너 근 끊어 간 입소문이 불렀을까

그 누추한 식당
밤낮 빈 자리가 없다

깊고 푸른 산이 키웠다는 흑돼지
버얼건 숯불에 번질거리는 식성들
기름내며 탄내가 자욱하다

얼큰하고 왁자한 술잔들은
첩첩의 시름을 잊었을까

깊고 푸른 산 이름 질경질경 만원이다

공공 근로의 길

비릿한 밤꽃이 너울거리는 도롯가

자글자글한 할매들이

지난 세월 여담에

다들 젊어져

신명 났는데

저기 관용차가 달려온다

놀란 자라등 할매들

쓰레기를 줍고

황급히 풀을 맨다

유월 땡볕이 익고 있다

소금이 왔다

층층이 바다를 쌓은 밭
눈처럼 하얀 꽃이 피었다

한 말 소금이 한 말 쌀이 되던
시절도 있었다는 소금쟁이가
뙤약볕에서 대파를 밀며
소금을 거둔다

수정처럼 빛나는
뜨거운 응고가
혀 속에 흥건히 고인다

쓱쓱 염장 지른 간잽이
자반이며 굴비가
입맛 돋구었는데

희끗희끗 짠내 쩔은 염부
끝맛 달다는 여름 소금을 뿌리며
노릇노릇한 밴댕이를 굽는다

살찐 소금이 널린 여름
서해 밤이 하얗다

언제 한 번은

시간이 되면
차나 술이나 한잔 하자던
밥이나 한 번 먹자던
언제 한 번

길을 걷다가
우연히 만나고
통화하다 입 마르게 닳아버렸던 말

오래 잊고 살았던 사람들이
갸우뚱거리는 세월들이
서먹서먹 시절 피우는 장례식장

덥썩 잡았던 손이
뿔뿔이 손 흔들며 길 떠나고 있다

언제 다시
시간이 될까

가깝고도 머언, 언제 한 번

아귀 집에서

암초와 해초 사이 네 입의 왕성한 식성이

사람들 식성에 올랐다

술안주에 탕이 되고

찜이 되어

시원하고 얼큰한 입맛들을 돋구는데

눈 앞에 눈 먼

아귀다툼 세상살이

먹이사슬 그림 같다

돌 탑

누가 저토록 조심스럽게 쌓았을까

무거운 돌들을
버리지 못한 마음을

모난 것들이 맞물려
둥그런 봉분 같다

뾰족한 행렬들
지루하지 않고
심심하지 않다

저 돌무더기들
무엇이 부족하고
무엇이 간절했을까

성황당 고갯길
묵묵한 두 손은 없지만

마을 어귀며 산길에 쌓은 바람은
푸른 이끼들을 키웠다

철가방이 달린다

육거리 골목 어귀 '남성관'
혹시 여자에게 묻는 얘긴가

출입문 옆 붉은 글씨
중화요리 목간판

그 집 아내는 뽑고 볶고
남편은 달리는 철가방
한 그릇 주문에도 부부가 함께하는 집

알록달록 벽지에 치렁치렁 꽃무늬 커튼
촌스런 80년대 중국집 분위기
짜장은 이천오백 원이다

항시 앞치마를 두른 손 큰 아내는
듬뿍 담은 프라이팬을 팍팍 두들겨 댄다
날마다 뺄건 바지에 하얀 와이셔츠 남편은
'잘 사요' 하는 싱거운 인사 매일 종잘거리며 돈다
하얀 면이 길을 내듯 은빛 철가방이 달린다

노봉방주

처마 아래 매달린 한 채 집

저 둥근 것이 뭐냐고
어떤 여자가 물었다
그냥 비행장이라 했다

말벌, 날카로운 주둥이 식성은
꿀벌을 무참히 죽이고 도봉을 일삼은 비행非行

그 침 한 방에 사람마저 죽음을 부른다니
웅성거리는 비행飛行에 어깨 쥐가 나겠다

언젠가 어느 지인이 꺼내놓은 술병에
꼼짝없이 내려앉은 말벌들

봉술은 봉을 다루는 무술이 아니라
봉을 일으키는 술이라고 극찬하며
나이를 잊겠다는 사내들이
게눈 감추듯 술병을 들이켰다

저 놈들 천적은 노봉방주, 사람이다

제4부

붉은 지도

쏙 빠진 날

심심한 아이 손에 끌려
남해 창선으로 건너갔다

질퍽한 갯벌 속에 달려드는
삼삼오오 장화들
썰물이 왁자하다

분주한 삽질
숭숭 뚫린 구멍들
소금과 붓질이 집요하다
철 지난 쏙잡이 속터지게 지루하다

팔월 땡볕 아래
질척이던 그림자들
쏙쏙 빠져나간 갯벌에
붉은 수평선이 너울너울 밀려왔다

텃밭이 없다

호숫가 둔덕 아래
씨 뿌리고 모종 심던 텃밭이 없다

먼발치 무심이
개망초며 쑥대들을 키운 걸까

한 걸음도 닿을 수 없는
허연 억새 핀 둔덕

사내 하나 우두커니

낮 술

길죽한 배너가 펄럭이는
「낮
　술
　환
　영」
선술집

술고래가 들고
해고된 실업자가 들고
퇴직한 세월도 들었다

낯익은 사람들
음담패설도 지나가고
덩그러니 침묵도 앉았다

삐거덕거리고 덜거덕거리는
권태로운 일들이
희멀건 낮달처럼 떠올랐을까

어미 애비도 모른다는 낮술을
얼큰하게 마신 사람이
중얼거리며 꾸벅거린다

창가, 빈 술병에 복사꽃 환히 피었다

줄

허방 붓을 내려놓고
맑은 햇살 펄럭이는 빨랫줄에
몸 붙이고 싶었다

풀린 개가 꼬리치며
벌렁벌렁 자빠진다

발아래 황색 줄이 달리고
머리 위에 전깃줄이 달린다
들과 산을 지른 고압선이 경계를 넘고
부두에 줄 놓은 배 수평선을 넘는다

거미가 줄을 치듯
혈연이며 지연이며 학연이
뱃가죽을 채운다며
오늘도 줄을 친다

줄을 놓고
줄 없이
사내 하나 멍하니 있다

횡단보도 앞 차들이
줄줄이 길을 막고 있다

줄들은 얼마나 빠져 나가야 길이 보일까

복 날

무얼 얼마나 먹어야 까칠한 삶이 윤택할까

식욕 없는 숟가락
찜통더위 복날
이열치열 생각들이 끓고 있다

뜨거운 고깃집
빵빵한 뱃가죽들
괄약근을 푼다

그 왕성한 식욕은 공복이다

붉은 지도

70년대 지도는

북녘이 붉었는데

50년이 지난 남녘은

동서가 빨강 파랑 갈린 개표

이젠 동쪽마저 빨갛다

마지막 방

산소호흡기와 투석기가 꽂힌
침묵이 있다

생기 잃은 얼굴
그렁그렁한 동공은
어느 시절이 떠올랐을까

바람의 시간이 숙연하다

마스크와 비닐장갑을 끼었거나
멍하니 고개 떨궜거나
다들 침묵 앞에 있는데

저승사자같이 시커먼 옷 입은
표정 없는 두 사내가 불쑥
비닐 팩에 든 시신을 끌고 간다

먼 일 같은 일
말 없이
아무 말 없이
복도가 조용하다

몸도 마음도 가눌 길 없이
식물인간처럼 살아 있는
저 숨 밖의 숨

죽음은 모든 산 자들의 몫

중환자실 병동 아래 붉게 핀 능소화 하나
툭, 온몸을 던진다

흠

유행 지난 것
쓸만한 것들이
골목에 나뒹군다

다닥다닥 나비 붙은 반닫이장
두어 개 날개 날아갔지만
여전히 고아한데
저 얼룩진 자전거
빵빵한 바퀴
씽씽 달릴 수도 있겠는데

너무 쉽게 버린 흠들이
청소차 가득 실리고 있다

저기 여럿이 누군가의 흠
도마에 올리고
난도질하고 있다

내 흠은
언제쯤 버릴 수 있을까

아무도 죽지 않는다

내 안에 침묵하지 못하고
경계하지 못한 욕망
혼자 늙어갔지

절은 산 아래 내려가 절하고
교회는 산 위에 올라가 탑을 세웠지

스스로를 놓치고
사람들을 놓치고
아무 의지도 없는 주검을 살겠다고
늦은 밤에도 새벽에도 깨어 있지

해를 달고
꽃을 달고
달을 다는
명언이며 경經의 잠언들
거품 같은 희망들

장례식장이나 무덤 앞에서도
사람은 아무도 죽지 않는다

그리운 인술

다양한 자세와 연령들이
통증을 호소하며 순번을 기다린다

첨단 장비를 보유했다는 화상 아래
유명 대학교수 의료진이라는 경력들
다닥다닥 붙어 있다

근엄한 표정의 브이티알 시술 장면
단방에 상쾌함을 줄 것 같다

엑스레이보다 더 세밀한 엠알아이
오로지 첨단장비 시술이 낫다는 병원
비수술 물리치료 멀리 있는데

치료 아닌 무통주사
환자들이 줄을 잇는다

아프지 않고

늙지 않고

죽지도 않을 사람이

자꾸 아프다는 건 병원이 두려운 일

지극히 혼자 되는 일

홍어회 생각

흑산도 홍어가 왔다

머언 뱃길 풍랑을 헤쳐 나온 널찍한 마름모꼴
발그레한 몸값이 비싸다

싱싱한 비린내를 잡아야지

옹기에 볏짚으로 사나흘 푹 삭히면
답답한 세상살이 숨구멍을 열어 줄까
걸쭉한 탁배기에 알알한 홍어 한 점
온몸을 벌벌거리며 홍탁이라는데
묵은지에 돼지수육 한 점 홍탁삼합 아니던가
살아 있는 입맛 코와 날개 꼬린데
톡 쏘는 코는 콧속이 알알했지
내장에 물컹물컹한 애 간은 참기름장에
고소한 입맛은 언제 뱃속인지 입안이 허전했었지

아 흑산도 홍어가 생각나는 밤
칠레나 스페인산이면 어떠랴
삭히고 삭힌 홍어처럼

울화 치미는 마음도 푹 한 번 삭혀 봤으면

말 복

마지막이라며
쏟아지는 불볕을
견뎌내고 싶었을까

개 삽니다
개 삽니다
귀 따갑던 확성기 소리도
오줌 지리던 개들도 사라진 복날

기력이 없다던 노인이
문 닫은 보신탕집 뚝배기가 간절하다는데
한낮, 삼계탕집
이열치열 생각들이 들끓는다

로데오거리 젊은이들이
제각기 휴대용 선풍기를
얼굴과 가슴에 바짝 쐬고 쐰다

청록이 사그라지는 벼랑 아래
배롱나무 붉은 호숫길에
중년 남녀가 빙빙 돌고 있다

한적한 둔덕에 승용차 하나
흔들리고 있다

절기가 죽은 시절에도
뜨거움은 남아서

삼지닥나무

70년대를 씽씽 누볐던 코로나
그 잊혀진 승용차가
역병 이름으로 왔다

한산한 상가
관중들이 없는 경기장
아이들 소리가 들리지 않는 학교
마스크에 마스크
표정 없는 얼굴

사람들은 사람이 두렵다
함께 숨 쉬기가 어렵다

침묵의 시절
우린 살아야 하니까
돌아다니려면
제발 집에 오지 말라던
모녀 얘기가 아직도 쟁쟁하다

봄날, 우연히 만났던 삼지닥나무
그 탐스런 꽃망울을
코로나 닮았다며 뚝뚝 따버린 사람 있었다

삼지닥나무꽃 피기 전에
마스크 벗어버렸으면

묵사발

후두둑 후두둑 바람 좋은 날
상수리나무 아래 서성인다

앙금이 되고
죽이 되어
묵사발 내었는데

묵사발 낸다는 말
몹쓸 인간 말종을 두고 하는 말
국가와 국민을 함부로 팔아먹은
내란 반역들에게 해야 할 말인데

탱글탱글한 묵사발
접시에 누운 도토리묵이
동동주 술잔들을 부른다

저 미끈둥한 건
나무젓가락이 제격이다

폭우, 뒤

온갖 잡동사니가 부유하는 호수
빙빙빙 헬기가 돈다

군대시절 사단장 군단장이 뜰 때
요란했던 잠자리가
며칠째 사람을 찾고 있다

물에 빠진 사람은
사흘 뒤에는 뜬다고 했는데

산기슭을 흔들고
하얀 물보라를 일으키며
오늘도 헬기가 떠 있다

다리 위에 눈알들
호수에 다 빠졌다

물이랑은 겹겹이 일렁거리는데

폐기물 매립장
―진주 내동면 유수리 290번지

얼마나 쌓을 것인가

산을 넘은 진양호 방수로 가화강
유수리 백아기 화석산지 아래
악취 풍기는 청소차들이 줄을 섰다

사라진 논과 밭에 나뒹구는
온갖 잡동사니 쓰레기들
켜켜이 쌓이고 있다

흐릿한 절기는
봄 가을도 잠시
사계가 사라지고 있다

겨울은 겨울다워야 하는데
인간이 빙하를 녹이고
겨울을 녹였다

사과나무 포도나무 감나무가 북상하고
삼천포 앞바다 널리고 널린 쥐치도 동해로 떠났다
눈이 오지 않는
아열대 식물이 푸른 동네

산더미처럼 쌓이는
거대한 자본주의 저 배설물들

다음 매립장은 어딜까

탈

얼굴 가리고 노는 것이

어디 백정이며 차 양반뿐이었을까

다들 탈도 없이 탈춤 잘 추고 있지 않나

잠

꿈 많은 아이가 잠이 들 듯
잠은 발바닥과 오감도 들고
나무도 든다
지루한 하품처럼
고단한 졸음처럼
달리는 버스도 기차도 잠을 잔다
설교가 깨우고
설법이 깨워도
천국과 극락은 죽어도 죽지 않는
깊고 깊은 영원한 잠
나는 오지 않는 시를 몽상하다
죽었다 살았다 한다

흔적 2

폭우에 밀려든 부유물이 어지러운 호숫가

새벽 고요를 밟고 갔나

물새 한 마리 또렷하다

편익의 너절한 더미

얼마나 쌓을 것인가

저 가벼운 발자국 위에

폭 염

체온보다 높은 불볕거리

사람이 없다

바닷물이 뜨겁고

열대야에 불면이다

지구는 외상 내상 다 깊었다

쓰레기

이 아침의 부피는 어디서 왔나

유행에 밀려난 멀쩡한 옷이며
온갖 멀쩡한 잡동사니들
왕성한 식욕이 쏟아낸 포만의 악취들
골목 담벼락 아래 나뒹군다

후다닥 찡그린 얼굴들이 지나가고
창문을 빠져나온 고함이 달려온다
"에라이 쓰레기 가튼 써글노메 잉간들
너것들 집 아페나 버리지
퉤퉤퉤"

쓸모 있는 욕망이 쓸모 없음으로 처박히고 매립되는
쓰레기, 쓰레기들

발 문

진주 남강에서 '나'를 찾아가며 세우는 노래
―김클소리 시 세계와 풍경

김준태(시인, 전 조선대 교수)

| 발문 |

진주 남강에서 '나'를 찾아가며 세우는 노래
― 김클소리 시 세계와 풍경

김준태(시인, 전 조선대 교수)

 옛말에 아내가 예쁘면 처갓집 논둑에 서 있는 말뚝도 좋게 생각된다고 했다. 고향에 사는 것들이라면 검은 까마귀도 반갑고 곱다는 말처럼…. 내 경우도 처갓집 동네에 사는 사람들은 물론 그곳의 산과 들과 강변에 살고 있는 나무와 꽃과 새들을 좋아한다. 뿐이랴, 처갓집 동네를 지키고 있는 높다란 산봉우리와 마을 앞 솟대는 물론 기러기가 날아가고 날아오는 하늘도 한량없이 우러러본다. 넘실넘실거리는 바다가 있는 곳이라면 거기에서 솟구쳐 밀려오는 '파도소리'를 또한 좋아한다.

몇 년 전 가을이던가. 아내의 고향 '진주'에서 한 젊은 분이 찾아왔다. 본명이 김성태金聲泰, 필명이 '김클소리' 선생으로 다소 낯설었다. 주로 그림을 그리고 있다는데 나의 시집을 몇 권 읽은 것 같았다. 그때 나는 척추 수술을 한 뒤끝이라 하룻밤도 재워주지 못하고 돌려보낸 것이 못내 아쉬움으로 남았다. 그리고 또 몇 해를 넘기고 가을이 찾아왔다. 이번에는 전화와 함께 내게 81편의 시를 보내왔다. 내가 그의 시집 원고를 읽고 말씀 좀 해주면 감사하겠다는 내용이었다. 바쁜 일정 속에서 나는 천천히 그의 시 원고를 펼쳤다. 소리를 내어 읽기도 하면서 그가 쓴 시 속으로 들어갔다.

젊은 남녀가 며칠째

골목 쓰레기 더미에서 껴안고

환히 웃고 있다

번지르르한 액자와 앨범에서

쏟아져 나온 애틋한 맹세가

햇볕과 먼지에 지워지고 있다

—〈바람의 시간〉

이번 시집에서 가장 수작으로 생각해도 좋을 〈바람의 시간〉에서 김클소리 선생은 한 폭의 선명한 그림을 보여주고 있었다. 아마 이 시의 배경이랄까 무대는 경상남도 진주에 소재한 남강댐 안의 진양호 주변일 것 같다. 내가 듣기로 이곳 어디쯤에 그의 거처가 있을 것이었다. 그가 생활하고 그림을 그리는 진양호! 이 호수도 이제는 다음의 몇 편의 시편에서 보여지듯이 조금씩 '생태파괴' 현상이 나타난 것으로 짐작된다. 각종 비닐봉지, 각종 형태의 스티로폼, 각종 플라스틱병, 이루 헤아릴 수 없는 '문명의 쓰레기들'이 진양호 안으로 흘러 들어갔을 것으로 추측된다. 진양호뿐이랴. 국토의 곳곳은 이미 폭증하는 쓰레기 매립지로 신음하고 있다.

"젊은 남녀가 며칠째/ 골목 쓰레기 더미에서 껴안고/ 환히 웃고 있다" …… 김클소리 선생이 아름다운 꽃밭이나 시원한 나무 밑자리도 아닌… '골목 쓰레기 더미'에서 주위 환경과는 아랑곳하지 않고… 두 젊은이가 서로 '껴안고' 있는 모습을 한 폭의 짙은 유화로 드러내는 것은 놀랍다. 쓰레기 더미와 포옹! 서로 다른 풍경의 대칭이랄까. 예측하건대, 예언하건대 김클소리 선생의 앞으로의 시 세계 혹은 시 풍경은 〈바람의 시간〉과 같은 방향으로 개성으로, 특징으로 쓰여지고 그려지고 노래될 것 같다. 진주 남강(혹은 대한민국 어디를 적용하든) 주위의 쓰레기 더미를 '뛰어넘어'(이겨낸) 두 젊은이가 서로를 껴안고 키스를 나누는 강렬한 사랑의 풍경은 김클소리 선생의 시가 높은 휴머니즘을 향하여 달려가고 있다는 것을 확인시킨다. 그의 문학과 미술 세계에 대한 주위 사람들의 안심과 함께… 이제 차분하고 뜨거운 감동을 준다.

 독일의 실존주의 철학자이며 시인 '프리드리히 휠덜린'의 시를 집중적으로 연구한 '하이데거'는 그의 명저인 《시와 철학》에서 "시는 발견이다"라고 말했다. 사람들이 자세히 보지도 않고 무심코 지나치는 것들도 시를 쓰고 노래하는 사람… 시인은 눈을 더 가까이 대고 들여다본다는 것이다. 보이지 않는 것도 보려는 것이 시인이며 어쩌면 그것은 모든 사람이 보아야 하는 사물과 대상의 그런 깊이라는 것이다. 그리고 그 깊이 속에서 더 넓어져 가는 사물의 실체 혹은 대상의 실체가 바로 시인이 쓰고 노래하고자 하는 바로 그것이 '시인의 시선'이라고 말한다. 어쩌면 시인은 과학자 이상으로 발견자이며 발명가이면서 때로는 저 먼 수평선 혹은 지평선 너머에 있는 그것을 보여주어야 하는 숙명과 운명을 가지고 태어났다는 것이다.

 〈바람의 시간〉을 쓸 때와 같은 시선으로 쓰여진 〈나무-길을 보았네〉 〈바람의 풍경〉 〈호수를 바라보다〉 〈흔적 2〉 〈먹감나무〉 등의 시편도 이 시집에서 성공한 시편으로 나의 고개가 끄덕여진다. 예의 발견함의 시선으로 '죽은 나무에서 길을 보았'던 시인은 이윽고 자신의 길(마이웨이·my way)을 찾아간다. 그러나 그 길은 마냥 쉽지만은 않다. 나무 가지와 가지 사이에 "무성했을 꿈들이/ 덩그러니 유골처럼 누워 있"는 것이다. 그러나 화자인 김클소리는 그것으로 시를 매듭짓지 않는다. 아주 뚜렷한 시각적 이미지로 "위태롭게 걸어가는 사람 하나 떠올"리면서 자신도 길어 올린다.

> 죽은 나무에서 길을 보았네
>
> 비와 햇살과 바람 속에
>
> 가지가지 무성했을 꿈들이
>
> 덩그러니 유골처럼 누워 있네
>
> 위태롭게 걸어가는 사람 하나 떠올렸네
>
> —〈나무–길을 보았네〉

앞서 말한 대로 김클소리 시의 무대는 그의 고향 진주와 진양호, 남강댐의 풍경이다. 따라서 당연히 풍경화의 이미지들로 펼쳐져서 출렁인다. 그리고 오늘날 생태계의 위기

속에서 아파하는 모습이 내비친다. "늦여름 진양호숫가"에는 바르게 커 오르는 나무가 아닌 "등 굽은 배롱나무들이 붉게 달"려 있을 뿐, 주위의 산과 산 사이에는 깨끗하고 맑은 호수의 물이 아닌 "장마가 그은 누런 물 자국"이 범람하는 상태다. 그러나 앞서 소개한 시 〈바람의 시간〉에서처럼 그 어떤 사랑이 초가을날의 풍경을 그린 수채화처럼 고요하고 아름답다. "호숫가 배롱꽃 사이 어느 밀회"를 나누는 연인들을 말해주는 "갈대가 흔들리고 있"어서 이 시는 더더욱 소슬하되 아름답다.

> 늦여름 진양호숫가
>
> 등 굽은 배롱나무들 붉게 달린다
>
> 산과 산 사이
>
> 장마가 그은 누런 물자국 억장이다
>
> 호숫가 배롱꽃 사이 어느 밀회
>
> 갈대가 흔들리고 있다
>
> ―〈바람의 풍경〉

수몰민들의 애환을 그려주는 시 〈호수를 바라보다〉 경우는 어느 해, 김클소리 선생이 보았던 남강댐 진양호의 드러난 밑바닥 풍경이다. 수백 년을 살았던 이 땅 삼천리 반도의 사람들이 물속에 잠겨있는 모습을… 그리고 혹심한 가뭄이 찾아와 드러난 얼굴(모습)을 보였을 때, 그의 마음 또한 슬픔에 잠겼을 것 같다. 일찍이 두레공동체 : 마을공동체를 이루며 살았던 농경민족 조상들! 가뭄으로 마치 거북 등처럼 갈라진 수몰 지역을 들여다보면서 김클소리 선생은… 물고기 떼 노닐었던 자리, 깨진 옹기그릇들, 무너진 돌담 옆 우물가에서 터져 나오는 아낙들의 왁자한 말소리, 고샅길을 쩌렁쩌렁 울렸던 옛 할아버지들의 헛기침 소리! 시 〈호수를 바라보다〉에서 그의 시선은 다섯 번째 연에서 절정을 이룬다. "낮은 수면에 무거운 구름이 몰려오"는 호숫가 서서 비탄에 젖는 이 시의 화자는 "사람을 위해 깊어진 호수는/ 얼마나 깊어져야/ 사람이 보일까"가 오늘의 우리에게 더 깊은 사유를 요구하는 절창이다. 나 역시 이 시 구절에서…내 마음을 솔직하게 가까이 내밀어주고 싶은 심정이다.

시들한 삶이 거북 등짝 호수로 내려갔다

가뭄이 그은 허연 띠
물비린내 빙빙 두르고 있다

물고기떼 노닐었을 자리

분토를 둘러쓴 다리와 집터

깨진 옹기며 잡동사니 널브러져 있다

무너진 돌담 옆 우물가

아낙들 왁자한 소리며 촌로들 헛기침도 들릴 듯한데

사람을 위해 깊어진 호수는

얼마나 깊어져야

사람이 보일까

낮은 수면에 무거운 구름이 밀려오고 있다

—〈호수를 바라보다〉

　　김클소리 선생 시의 특징은 역시 '고요한 서정의 풍경화'이다. 우리 사람들 본래의 마음 바닥처럼 고요하고, 깊고, 그리고 눈물겹도록 아름다운 그 무엇을 김클소리 선생은 자신의 시에서 그려내고 있다. 아니 그려내려는 것이 아니라 가을날 수채화의 물감을 풀어내듯이 하얀 백지 위에 자연스럽게 떠오르게 한다. 시 〈흔적 2〉가 이것이다. 생태계가 몸살을 앓는… 폭우에 밀려든 부유물(쓰레기)이 어지러운 호숫가… 그는 이 시에서도 "물새 한 마리" "새벽 고요를 밟고 갔나"라고 그의 시의 특징인 '고요의 미학美學'을 보여준다. 그리하여 그는 "저 가벼운 발자국 위에" "편익의 너절한 더미/ 얼마나 쌓을 것인가"에 대하여 걱정과 우려 혹은 '시적 고발'을 밝힌다.

그러면서도 김클소리 선생은 서부 경남의 아름다운 도시 '진주'의 가구 공방을 지나가다가 보았음 직한 〈먹감나무〉를 그의 앞에 내세운다. 톱날에 잘려 트럭에 실려온, 새 가구를 만들기 위해 누워있는 먹감나무 몸통에서 그는 "결이 고운 먹빛/ 무늬"를 놓치지 않고 고요하게 바라본다. 사색과 명상에 의해서 생산된 시랄까. 그는 먹감나무 살(나이테) 구석구석에서 "속으로 까맣게 타들어간/ 오랜 세월을" 비로소 발견한다. "속으로 깊어지는 나무"… 한 그루 먹감나무의 몸통에서 어쩌면 '자신의 몸' 혹은 우리들 '사람의 몸'을 발견하고 예의 고요하고 슬픈 회억에 젖고 있다.

폭우에 밀려든 부유물이 어지러운 호숫가

새벽 고요를 밟고 갔나

물새 한 마리 또렷하다

편익의 너절한 더미

얼마나 쌓을 것인가

저 가벼운 발자국 위에
—〈흔적 2〉

붉은 홍시 점점이 내걸었던 나무

속으로 까맣게 타들어간

오랜 세월을

가구 공방에 들어 비로소 보았네

결이 고운 먹빛 무늬, 속으로 깊어지는 나무를
—〈먹감나무〉

현대, 미국의 시인 '알란 데이트'는 "시는 비평이다"라고 말했다. 시인들은 아름다운 자연을 노래하되 그(이) 자연을 파괴하는 '문명의 아가리(입)'에 대하여서는 눈을 감아서는 안 된다고 경고했다. 궁극으로 '자연은 인간'이고 '인간은 자연'이기 때문에, 오늘날 생태계의 위기, 지구 환경의 위기에 대하여 시인들은 《성경·바이블》의 구약에 나오는 시인 '예레미아'처럼 때로는 '하느님의 입술'이 되어 경고하고, 고발하고, 다가올 문명의 위기에 대하여 예언해야 한다는 것이다. 자본이 그의 입을 틀어막아도 우리들 인류의 욕망에 노출된 '자연=사람'을 구조·구원하는 데 앞장을 서야 한다는 것이 '알란 데이트'의 비판·비평정신이다.

김클소리 선생의 다음 시편… 〈삼지닥나무〉와 〈폐기물 매립장—진주 내동면 유수리 290번지〉가 예의 비평정신에서 나온 시의 생산물일 것이다. 몇 년 전 온 지구를 강타한 '코로나' 광풍과 요즘 한반도는 물론 전 지구적으로 엄청난 이산화탄소와 독가스, 100만 년이 지나가도 썩지 않을 비닐과 플라스틱 폐기물을 쏟아내는 공해는 우리 인간들(인류)의 생태계와 목숨을 심각하게 위협하고 있다. 전 세계적으로 어린아이들도 공포에 휩싸이게 하였던 코로나 Coronavirus(C0VID-119) 역병을 되새겨 얘기하는 김클소리 선생의 시작품… "아이들 소리가 들리지 않는 학교" "마스크에 마스크" "표정 없는 얼굴들" "사람들은 사람이 두렵"고 "함께 숨쉬기가 어렵"던 그때를 시 〈삼지닥나무〉를 통하여 아프게 상기시킨다. 그리고 시 〈폐기물 매립장〉은 더 이상 설명을 요구하지 않을 만큼 전 국토가 폐기물로 뒤덮여 가고 있다는 것을 리얼리즘의 그림처럼 선명하게 그려 준다.

경상남도 진주시 내동면 유수리 290번지 폐기물 매립장… "산더미처럼 쌓이는/ 거대한 자본주의 저 배설물들"의 풍경은 경상남도 진주시만의 풍경이 아니다. "다음 매립장은 어딜까"라고 묻는 김클소리 선생의 물음은 사실 전국의 어디에서나 들을 수 있는 물음이다. 테이크 아웃Take Out! 커피나 가공 음료수를 한번 마시고 아무 데나 휙휙 내던져버리는 플라스틱 용기들… 오늘날 우리 젊은이들은 (물론 어른들도) 그 쓰레기 더미에서 무슨 사랑을 나누고 있는지 스스로 물어야 할 때가 되었다.

>70년대를 씽씽 누볐던 코로나
>그 잊혀진 승용차가
>역병 이름으로 왔다
>
>한산한 상가
>관중들이 없는 경기장
>아이들 소리가 들리지 않는 학교
>마스크에 마스크
>표정 없는 얼굴
>
>사람들은 사람이 두렵다
>함께 숨 쉬기가 어렵다

침묵의 시절

우린 살아야 하니까

돌아다니려면

제발 집에 오지 말라던

모녀 애기가 아직도 쟁쟁하다

봄날, 우연히 만났던 삼지닥나무

그 탐스런 꽃망울을

코로나 닮았다며 뚝뚝 따버린 사람 있었다

삼지닥나무꽃 피기 전에

마스크 벗어버렸으면

—〈삼지닥나무〉

얼마나 쌓을 것인가

산을 넘은 진양호 방수로 가화강

유수리 백아기 화석산지 아래

악취 풍기는 청소차들이 줄을 섰다

사라진 논과 밭에 나뒹구는

온갖 잡동사니 쓰레기들

켜켜이 쌓이고 있다

흐릿한 절기는

봄가을도 잠시

사계가 사라지고 있다

겨울은 겨울다워야 하는데

인간이 빙하를 녹이고

겨울을 녹였다

사과나무 포도나무 감나무가 북상하고

삼천포 앞바다 널리고 널린 쥐치도 동해로 떠났다

눈이 오지 않는

아열대 식물이 푸른 동네

산더미처럼 샇이는

거대한 자본주의 저 배설물들

다음 매립장은 어딜까

―⟨폐기물 매립장 ― 진주 내동면 유수리 290번지⟩

"누가 저토록 조심스럽게 쌓았을까"(⟨돌탑⟩)

경상남도 진주시 남강댐, 진양호 호숫가에서 오늘을 살고 있는 김클소리 선생은 코로나 공포와 폐기물 매립장… 환경과 생태계 실제의 위기 속에서 그가 찾고 있는 '길'이

무엇인가를 말하려 한다. 그가 사랑하는 고향, 그가 사랑하는 대자연, 그가 사랑하는 사람들과 그리고 자신의 몸과 마음과 정신을 위하여…예컨대 '마이웨이my way (나의 길 혹은 우리의 길)'를 찾는, 찾아가려는 몸짓을 시의 도처에서 보여준다. 그가 그리는 그림, 그가 쓰는 일련의 '시의 밭'에서 '시의 호수'에서 모든 사람들이 푸르고 싱싱한 대지 위에서 껴안고, 포옹하면서 살아가는 것을 꿈꾼다. 다음이 그 모습들이다. 시 〈돌탑〉과 〈고사리 꺾다〉가 이것이다.

 오늘을 살면서 그리고 내일을 살기 위하여 "무거운 돌들을/ 버리지 못하는 마음을" 김클소리 선생은 시 〈돌탑〉을 통하여 쌓아가고 있다. 그는 "모난 것들이 맞물려/ 둥근 봉분"을 만들어내는 사람들의 마음과 풍경을 그린다! 선생은 아름다운 시 〈돌탑〉에서 "성황당 고갯길" "마을 어귀며 산길에 쌓은 바람은/ 푸른 이끼들을 키웠다"라고 감사함의 기도로 노래하고 있다. 여기에서 '푸른 이끼'는 그동안의 세월만이 아니라 앞으로도 살게 해야 할 생명의 표징 혹은 표상이다.

    누가 저토록 조심스럽게 쌓았을까

    무거운 돌들을

버리지 못한 마음을

모난 것들이 맞물려
둥그런 봉분 같다

뾰족한 행렬들
지루하지 않고
심심하지 않다

저 돌무더기들
무엇이 부족하고
무엇이 간절했을까

성황당 고갯길
묵묵한 두 손은 없지만

마을 어귀며 산길에 쌓은 바람은
푸른 이끼들을 키웠다
—〈돌탑〉

양지 바른 골짝을 빙빙 돈다

어슬렁어슬렁

고사리를 찾는다

고개 숙여
좌우 살피고
때론 주저앉은 채
뒤돌아보아야 보인다

간혹
짓밟힌 흔적
앞을 잘 보고 가야 한다

꺾어도 끈질기게 손 내미는 고사리
물음표 모가지들
숨바꼭질을
뚝뚝 꺾는다
이슬 맺힌 새벽이
펄펄 끓고
모락모락 늘어져
쨍쨍한 햇볕을 쬐고 있다

숨죽어 사그라드는 한줌
비빔밥을 떠올리고 육개장이 끓듯
한줌 고사리가 멀리 있는 사람을 떠올렸다

무엇을 꺾는다는 건

제 스스로를 꺾는 일인데

나는 아직 나를 꺾지 못했다

—〈고사리를 꺾다〉

    시 〈바람의 시간〉과 〈바람의 풍경〉에서 〈나무-길을 보았네〉와 〈호수를 바라보다〉〈먹감나무〉를 거쳐 〈돌탑〉을 세우고 있는… 김클소리 선생은 이제 〈고사리를 꺾다〉를 노래하기 위해… 진주 남강, 진양호 주변의 산을 오르고 있다. 남강과 진주성과 촉석루, 진양호의 도시 진주를 대표하는 '비봉산'을 오르면서 김클소리 선생은 예의 "고사리를 꺾"는 일을 즐거워한다. "고개 숙여/ 좌우 살피고/ 때론 주저앉은 채/ 뒤돌아 보"면서 그는 "간혹/ 짓밟힌 흔적/ 앞을 잘 보고 가야 한다"는 것을 알고 있다. 고사리를 "물음표 모가지"로 이미지화하는 것도 잊지 않고 있다. 자기 성찰을 부여하는 시구인 "무엇을 꺾는다는 건/ 제 스스로를 꺾는 일"이라고 모종의 아포리즘, 경구를 제시한다. 그리고 시의 결말에 가서 또 하나의 경구 "나는 아직 나를 꺾지 못했다"고 고백한다. 그의 심성과 시의 세계를 보여주는 자기 성찰에의 미학이다.

아름다운 도시 진주에 또 한 사람의 아름다운 시인이 살고 있다는 것을 뒤늦게 발견하고 축하한다. 비봉산과 남강과 진주성… 진양호 호숫가에 피는 배롱나무(자미꽃나무)와 같이 김클소리 선생의 시와 노래와 그림이 더욱 아름다운 풍경을 펼쳐주기를 희망한다. 또 앞으로 그러리라고 믿으며 님의 건강과 건필을 빈다. 예, 지금 참으로 젊은 김클소리 선생! 둘레가 800리인 지리산을 넘고 넘어, 길이가 500리인 섬진강을 건너… 멀리 광주에서 사랑과 자비와 평화를 두 손 모아 빕니다.

2025년 12월
두 손 모아 합장!!